Time Hacking para empresarios

Guía de inicio rápido para duplicar su productividad y disfrutar de una vida equilibrada con estrategias de gestión del tiempo probadas y prácticas

Por: Alex Bradley

Copyright Silver Valley Publishing 2024 - Todos los derechos reservados.

El contenido de este libro no puede ser reproducido, duplicado o transmitido sin permiso directo por escrito del autor o del editor.

Bajo ninguna circunstancia se podrá culpar o responsabilizar legalmente a la editorial, o al autor, por cualquier daño, reparación o pérdida monetaria debida a la información contenida en este libro. Ya sea directa o indirectamente. Usted es responsable de sus propias elecciones, acciones y resultados.

Aviso legal:

Este libro está protegido por derechos de autor. Este libro es sólo para uso personal. No puede modificar, distribuir, vender, utilizar, citar o parafrasear ninguna parte del contenido de este libro sin el consentimiento del autor o del editor.

Aviso de exención de responsabilidad:

Tenga en cuenta que la información contenida en este documento sólo tiene fines educativos y de entretenimiento. Se ha hecho todo lo posible por presentar una información exacta, actualizada, fiable y completa. No se declaran ni se implican garantías de ningún tipo. El lector reconoce que el autor no ofrece asesoramiento jurídico, financiero, médico o profesional. El contenido de este libro procede de diversas fuentes. Consulte a un profesional autorizado antes de poner en práctica las técnicas descritas en este libro.

Al leer este documento, el lector acepta que bajo ninguna circunstancia el autor es responsable de cualquier pérdida, directa o indirecta, que se produzca como resultado del uso de la información contenida en este documento, incluyendo, pero no limitado a, - errores, omisiones o inexactitudes.

"El tiempo es más valioso que el dinero. Puedes conseguir más dinero, pero no puedes conseguir más tiempo". - Jim Rohn

Índice

Introducción 11
   ¿Qué sé al respecto? 12
   Un viaje que merece la pena 12
Capítulo 1: La crisis de la gestión del tiempo 14
   Entender el problema 14
   Síntomas de una mala gestión del tiempo 14
   Consecuencias para los negocios y la vida personal 15
   Invertir la tendencia 15
   Construir unos cimientos sólidos 16
Capítulo 2: Sentar las bases 17
   Objetivos y prioridades 17
   Fijar objetivos SMART 17
   Determinar los objetivos adecuados 18
   Acercarse a los objetivos SMART 19
   La matriz Eisenhower 20
   El método ABCDE 21
   El método MoSCoW 22
   Construir los cimientos 22
Capítulo 3: Planificación diaria 24
   El poder de la planificación 24
   Rituales matutinos 24
   Interrupciones 25
   Revisar y ajustar 25
   Cobrando impulso 26
Capítulo 4: Dominar el bloqueo temporal 27

¿Qué es el bloqueo temporal? 27

   Ventajas del bloqueo temporal..27

   Introducción al bloqueo temporal..28

   Ejemplo: Bloqueo temporal 29

   Uso de herramientas y aplicaciones 30

   Revisión de las herramientas de bloqueo temporal 30

   Consejos para una distribución eficaz del tiempo............30

   Superar los retos 32

   Técnicas avanzadas de bloqueo temporal.........................32

Capítulo 5: Dominar la delegación y la externalización 34

   La importancia de delegar 34

   Identificación de tareas para delegar 34

   Ejemplo: La delegación en acción 35

   Encontrar a las personas adecuadas 35

   Comunicación eficaz..36

   Capacitar a su equipo 37

   Aprovechar la tecnología para la externalización............38

   Superar los retos de la delegación 38

   Mejora continua 39

Capítulo 6: Aprovechar la tecnología y las herramientas....43

   El papel de la tecnología en la productividad 43

   Automatización de tareas rutinarias 43

   Ejemplo: Automatización en acción 44

   Mejorar la comunicación y la colaboración 44

   Revisión: Herramientas de gestión de proyectos............45

   Datos y análisis...46

Aplicaciones de productividad 47

Ciberseguridad 47

Adopción de nuevas tecnologías 48

Capítulo 7: Lograr el equilibrio entre trabajo y vida privada
....50

La importancia del equilibrio entre trabajo y vida privada
....50

Reconocer los signos de desequilibrio..50

Establecer límites 51

Priorizar el autocuidado 52

Gestión eficaz del tiempo..53

Adoptar la flexibilidad 54

Equilibrio entre familia y trabajo 54

Mantener la salud mental...55

Capítulo 8: Superar la procrastinación 57

Comprender la procrastinación 57

Por qué aplazamos las cosas 57

Técnicas para vencer la procrastinación...................................58

Ejemplo: Desglose de una tarea 59

Mantener la motivación..60

Estrategias a largo plazo 60

Ejemplo: Utilizar la responsabilidad para superar la procrastinación 61

Capítulo 9: Técnicas avanzadas de gestión del tiempo 62

El Principio de Pareto (Regla 80/20)...62

Aplicación del principio de Pareto 62

Ejemplo: Maximizar el impacto con el principio de Pareto 63

La técnica Pomodoro 63

Cómo utilizar la técnica Pomodoro 63

Ejemplo: La técnica Pomodoro 64

Bloqueo del tiempo para el trabajo en profundidad......... 64

Implantación de bloques de tiempo de trabajo profundo 64

La regla de los dos minutos... 65

Agrupación de tareas similares 65

Ejemplos de agrupación de tareas................................. 65

La regla 1-3-5 65

Utilizar la tecnología para mejorar la gestión del tiempo. 66

Mejora continua 66

Ejemplo: Mejora continua de la gestión del tiempo......... 67

Capítulo 10: Medir y ajustar su enfoque 68

Seguimiento del progreso 68

Herramientas de control del tiempo 68

Creación de un registro de tiempo 69

Evaluación de la productividad..................................... 69

Ejemplo: Control del tiempo... 70

Ajustar su enfoque... 70

Revisiones periódicas 71

Ejemplo: Revisiones periódicas 71

Adoptar la flexibilidad 72

Ejemplo: Flexibilidad en la gestión del tiempo............... 72

Capítulo 11: Estrategias de gestión del tiempo a largo plazo .73

- Crear hábitos productivos ... 73
- Pasos para crear hábitos productivos ... 73
- Ejemplo: Crear un hábito de lectura ... 74
- Mantener una mentalidad positiva ... 74
- Ejemplo: Mantener una mentalidad positiva ... 75
- Mejora continua ... 75
- Ejemplo: Mejora continua ... 76
- Centrarse en actividades de alto valor ... 76
- Ejemplo: Centrarse en actividades de alto valor ... 77
- Equilibrio entre trabajo y vida privada ... 77
- Ejemplo: Equilibrio entre trabajo y vida privada ... 78
- Adoptar la flexibilidad ... 78
- Ejemplo: Adoptar la flexibilidad ... 79

Conclusión ... 80
- El viaje de la gestión del tiempo ... 80
- Pasos prácticos para aplicar lo aprendido ... 80
- El maratón de la gestión del tiempo ... 82
- Reflexiones finales ... 82

Agradecimientos ... 83

Apéndice: Recursos y referencias ... 84
- Referencias ... 84
- Herramientas y aplicaciones ... 84
- Plantillas y hojas de trabajo ... 85

Sobre el autor ... 97

Introducción

El tiempo es el único recurso realmente finito. Como empresario, esta realidad golpea más fuerte que un espresso triple un lunes por la mañana. Cuando se hacen malabarismos con reuniones, se gestionan equipos y se intenta encontrar un momento para respirar, puede parecer que el tiempo se escapa entre los dedos. Este libro no es sólo una guía teórica, sino un conjunto de herramientas prácticas para recuperar tu vida y dominar el arte de la gestión del tiempo.

¿Por qué una madre de gemelos que vive en el campo escribe un libro sobre la gestión del tiempo en la empresa? Mi viaje me ha llevado de Long Island a San Francisco y de las oficinas de las empresas a los campos de cultivo. Los retos a los que me he enfrentado por el camino reflejan los retos a los que se enfrentan muchos de ustedes. He creado empresas al tiempo que lidiaba con el caos de la vida familiar y las exigencias del espíritu empresarial. Mi objetivo es compartir estrategias prácticas que funcionan en el mundo real, ya sea en una oficina en un rascacielos o en la oficina de tu casa, que también puede servir como sala de juegos si eres como yo.

Al final de este libro, dispondrá de un completo conjunto de herramientas para duplicar su productividad y dedicar más tiempo a lo que realmente importa. Imagine que termina su jornada laboral sabiendo que ha hecho todo lo que tenía que hacer y que aún le queda tiempo para disfrutar de una cena con su familia o dedicarse a su afición favorita. No es una quimera; se puede conseguir con las estrategias y la mentalidad adecuadas.

Vamos a profundizar en una amplia gama de temas, incluyendo la planificación diaria, el bloqueo del tiempo, la Técnica Pomodoro y el Principio de Pareto. Además, en el apéndice tendrá acceso a hojas de trabajo diseñadas para ayudarle a alcanzar sus objetivos de gestión del tiempo. Además, obtendrá información sobre cómo identificar y eliminar distracciones, delegar eficazmente y aprovechar la tecnología para mejorar la productividad. Tanto si tiene una amplia experiencia como empresario como si acaba de empezar, los conocimientos compartidos serán fundamentales para ayudarle a maximizar su tiempo y mejorar su eficiencia.

¿Qué sé al respecto?

Criado en una granja, aprendí muy pronto el valor del trabajo duro. Pero cuando entré en el mundo empresarial, me di cuenta de la importancia de trabajar con inteligencia. Con una licenciatura en Empresariales y más de una década de experiencia empresarial, he superado los altibajos de la creación de empresas conciliando la vida familiar. Mis viajes, incluidos los períodos de aventura a tiempo completo con mi familia, me han dado una perspectiva única sobre la gestión del tiempo en diferentes entornos, culturas e incluso zonas horarias.

Cuando no estoy escribiendo o dirigiendo mi negocio, me encontrarás trabajando en el jardín, persiguiendo a mis gemelos o disfrutando de un momento de tranquilidad con un buen libro. Vivir y trabajar de esta manera me ha enseñado la importancia de la sencillez y la atención plena, lecciones entretejidas en el tejido de este libro.

Un viaje que merece la pena

Emprender el viaje de dominar tu tiempo es uno de los esfuerzos más gratificantes que puedes realizar. Se trata de algo más que de ir tachando tareas de una lista; se trata de recuperar tu vida y dedicar tiempo a lo que de verdad importa. Empecemos este viaje juntos, equipándote con los conocimientos y las herramientas para transformar la forma en que gestionas tu tiempo y, en última instancia, tu vida.

Ahora, adentrémonos en el meollo de la gestión del tiempo, empezando por comprender la crisis que asola a muchos empresarios.

Capítulo 1: La crisis de la gestión del tiempo

Entender el problema

La gestión del tiempo es un reto universal que acecha a empresarios de todo tipo. Imagínese que empieza el día con las mejores intenciones, pero se ve arrastrado por una avalancha de correos electrónicos, reuniones improvisadas y crisis imprevistas. Cuando el polvo se asienta, ya es de noche y tu lista de tareas pendientes parece más larga que cuando empezaste. ¿Le resulta familiar? No es el único.

Muchos empresarios se enfrentan a diario a esta misma situación, que les provoca estrés, agotamiento y una sensación constante de tener que ponerse al día. El problema no es la falta de esfuerzo, sino la falta de estrategia. Sin un plan sólido, incluso los empresarios más decididos pueden verse atrapados en un ciclo de ajetreo sin productividad.

Síntomas de una mala gestión del tiempo

Reconocer los signos de una mala gestión del tiempo es el primer paso para mejorar. He aquí algunos síntomas comunes:

Incumplir constantemente los plazos: Si los plazos parecen más sugerencias que mandatos, es una clara señal de que tu gestión del tiempo necesita trabajo.

Sentirse abrumado: La interminable lista de tareas pendientes puede hacerte sentir como si te ahogaras en ellas.

Falta de concentración: Las distracciones frecuentes y la incapacidad para concentrarse en una sola tarea pueden obstaculizar considerablemente la productividad.

Procrastinación: Retrasar tareas importantes en favor de actividades menos críticas es una señal de alarma importante.

Agotamiento: El estrés crónico y el agotamiento son indicadores de que te estás extendiendo demasiado.

Consecuencias para los negocios y la vida personal

Los efectos de una mala gestión del tiempo pueden ser devastadores. Para su empresa, puede significar la pérdida de oportunidades, una menor eficiencia y un golpe a su cuenta de resultados. Los proyectos se retrasan, los clientes quedan insatisfechos y la calidad del trabajo se resiente. A nivel personal, las consecuencias pueden ser aún más graves. El estrés y el agotamiento pueden provocar problemas de salud, relaciones tensas y una disminución de la calidad de vida.

La gestión eficaz del tiempo no consiste sólo en hacer más tareas al día, sino en dedicar tiempo a lo que realmente importa. Tomar el control de tu tiempo puede equilibrar mejor tu vida profesional y personal, lo que conduce a una mayor satisfacción y éxito en ambas áreas.

Invertir la tendencia

La buena noticia es que la mala gestión del tiempo no es una cadena perpetua. Con las estrategias y herramientas adecuadas, puedes recuperar el control de tu tiempo y transformar tu rutina diaria. En los siguientes capítulos, exploraremos técnicas que te ayudarán a sentar las bases de una gestión eficaz del tiempo, desde el establecimiento de objetivos y prioridades claros hasta el dominio de la productividad diaria.

Construir una base sólida

Antes de explorar estrategias específicas, es esencial comprender los fundamentos. El arte de establecer objetivos y prioridades es la base de cualquier estrategia de gestión del tiempo eficaz. Incluso las herramientas de planificación más eficaces sólo tendrán éxito con objetivos y prioridades claros.

Capítulo 2: Sentar las bases

Objetivos y prioridades

Fijar objetivos es como trazar el rumbo de un barco; sin ellos, irá a la deriva sin rumbo fijo, por muy favorables que sean los vientos. Como empresario, unos objetivos claros guían sus esfuerzos y le ayudan a medir sus progresos. Le proporcionan dirección, le motivan para superar los retos y le dan una sensación de logro cuando los alcanza.

Imagine que empieza cada día con una visión clara de sus objetivos. Trabajas de forma proactiva para alcanzar tus objetivos en lugar de limitarte a reaccionar ante lo que se cruza en tu camino. Este cambio de mentalidad puede transformar tu productividad y mejorar significativamente tu eficiencia.

Una vez fijados los objetivos, el siguiente paso es establecer prioridades. No todas las tareas son iguales; algunas tendrán un impacto mucho más significativo en su éxito que otras. Una priorización eficaz te garantiza que centras tu tiempo y energía en lo que realmente importa.

Establecer objetivos SMART

Fijar objetivos es esencial, pero establecer objetivos SMART garantiza que sean eficaces. Los objetivos SMART son:

- **Específicos**: Defina claramente lo que quiere conseguir. Evite los objetivos vagos. Un objetivo concreto responde a la pregunta ¿Quién está implicado? ¿Qué quiero conseguir? ¿Dónde tendrá lugar? ¿Por qué es importante este objetivo?

- **Mensurable**: Establecer criterios para medir los progresos. Un objetivo cuantificable responde a preguntas como: ¿Cuánto? ¿cuántos? ¿Cómo sabré cuándo se ha cumplido?

- **Alcanzable**: Asegúrese de que su objetivo es realista y alcanzable. Debe suponer un reto, pero también una posibilidad. Pregúntese: ¿Cómo puedo alcanzar este objetivo? ¿Qué recursos y habilidades necesito?

- **Relevante**: Tu objetivo debe ser importante para ti y estar en consonancia con otros objetivos relevantes. Debe merecer la pena y coincidir con tus otros esfuerzos y planes a largo plazo. Pregúntese: ¿Es este objetivo relevante para mis objetivos generales?

- **Limitado en el tiempo**: Fija una fecha límite para tu objetivo. Un objetivo limitado en el tiempo responde a las siguientes preguntas: ¿Cuándo? ¿Qué puedo hacer dentro de seis semanas? ¿Qué puedo hacer dentro de seis meses? ¿Qué puedo hacer hoy?

Determinar los objetivos adecuados

Para determinar los objetivos adecuados, considere los siguientes pasos:

1. **Reflexione sobre su visión y propósito**: Empiece por su visión a largo plazo. ¿Qué quiere conseguir en última instancia en su negocio y en su vida personal? Comprender tu propósito te ayudará a establecer objetivos significativos.

2. **Realice un análisis DAFO**: Identifique sus puntos fuertes, puntos débiles, oportunidades y amenazas. Este análisis le ayuda a comprender cuál es su situación actual y qué áreas necesita mejorar o potenciar.

3. **Desglose los objetivos a largo plazo**: Una vez que tenga su visión a largo plazo, divídala en objetivos más pequeños y factibles. Por ejemplo, supongamos que su objetivo a largo plazo es expandir su negocio internacionalmente. En ese caso, un objetivo a corto plazo podría ser investigar mercados potenciales.

4. **Alinee sus objetivos con sus valores y prioridades**: Asegúrese de que sus objetivos coinciden con sus valores y prioridades fundamentales. Esta alineación te mantendrá motivado y centrado.

5. **Busca opiniones**: Comenta tus objetivos con mentores, compañeros o asesores de confianza. Pueden aportarte ideas valiosas y ayudarte a afinar tus objetivos para hacerlos más alcanzables y pertinentes.

Acercarse a los objetivos SMART

Una vez que hayas fijado tus objetivos SMART, acércate a ellos metódicamente:

1. **Cree un plan de acción**: Divida cada objetivo en tareas más pequeñas y cree un plan de acción detallado. Especifique qué hay que hacer, quién debe hacerlo y cuándo. Este plan te servirá de hoja de ruta.

2. **Establezca hitos**: Establezca hitos para seguir su progreso. Los hitos son pequeños puntos de control dentro del calendario de tu objetivo que te ayudan a mantener el rumbo y hacer ajustes si es necesario.

3. **Asigne recursos**: Identifique los recursos que necesita para alcanzar sus objetivos. Puede tratarse de tiempo, dinero, herramientas o habilidades. Asegúrate de que dispones de ellos o puedes adquirirlos.

4. **Responsabilízate**: Comparte tus objetivos con alguien que pueda hacerte responsable de ellos, como un mentor o un compañero. Los controles periódicos pueden mantenerte motivado y centrado.

5. **Controla tus progresos**: Utiliza herramientas como aplicaciones de seguimiento del tiempo, tablas de progreso o diarios para controlar tus progresos. Revisa tu progreso con regularidad y ajusta tu plan de acción según sea necesario.

6. **Celebra los logros**: Celebre sus hitos y logros, por pequeños que sean. Este reconocimiento te sube la moral y te motiva para seguir trabajando por tus objetivos.

La matriz Eisenhower

La Matriz Eisenhower, también conocida como Matriz Urgente-Importante, es una poderosa herramienta para priorizar tareas. Clasifica las tareas en cuatro cuadrantes:

Urgentes e importantes: tareas que requieren atención inmediata y contribuyen a sus objetivos a largo plazo. Estas son tus principales prioridades.

Importante pero no urgente: Tareas que son cruciales para el éxito a largo plazo pero que no requieren una acción inmediata. Programe estas tareas.

Urgentes pero no importantes: tareas que exigen atención inmediata pero no contribuyen significativamente a tus objetivos. Delega estas tareas si es posible.

Ni urgentes ni importantes: tareas que tienen poco o ningún valor. Elimine o minimice estas tareas.

Utilizar la Matriz de Eisenhower te ayuda a tomar decisiones conscientes sobre dónde invertir tu tiempo, asegurándote de que trabajas en tareas que se alinean con tus objetivos.

El método ABCDE

El método ABCDE, desarrollado por Brian Tracy, es una técnica sencilla para priorizar tareas. Consiste en clasificar las tareas en cinco niveles de prioridad:

R: Tareas que deben realizarse hoy. Son tu máxima prioridad.

B: Tareas que deben realizarse hoy. Importantes, pero no tan críticas como las tareas A.

C: Tareas que estaría bien hacer hoy, pero que no tienen consecuencias si no se completan.

D: Tareas que pueden delegarse en otra persona.

E: Tareas que pueden eliminarse por completo.

Al clasificar sus tareas diariamente, se asegura de que los elementos de mayor prioridad se hagan primero. Por el contrario, las tareas de menor prioridad no te distraen de lo importante.

El método MoSCoW

El método MoSCoW es otra técnica eficaz de priorización utilizada a menudo en la gestión de proyectos. Clasifica las tareas en cuatro grupos:

Imprescindibles: Tareas esenciales que son fundamentales para su éxito.

Debería tener: Tareas importantes que deben incluirse.

Podría tener: Tareas deseables pero opcionales.

No tener: Tareas que no son prioritarias y pueden aplazarse o ignorarse.

Este método es conveniente para proyectos grandes, ya que te ayuda a centrarte en lo que es necesario y a evitar la ampliación del alcance. Clasificar las tareas en "debo tener", "debería tener", "podría tener" y "no tendré" te permite establecer prioridades de forma eficaz y asegurarte de que siempre trabajas en las tareas más importantes.

Construir los cimientos

Establecer objetivos y prioridades claros es la brújula de una gestión eficaz del tiempo. Puedes progresar significativamente si entiendes lo que es verdaderamente importante y centras tus esfuerzos en esas áreas. Esta labor básica prepara el terreno para las técnicas de planificación diaria y productividad que exploraremos a continuación y que te guiarán hacia tus objetivos a largo plazo.

Al sentar estas bases, estarás bien equipado para navegar por las complejidades del espíritu empresarial y asegurarte de que tu tiempo y energía se invierten de la manera más impactante.

Capítulo 3: Planificación diaria

El poder de la planificación

Un día bien estructurado comienza con un plan sólido. La planificación diaria es el puente entre sus objetivos a largo plazo y sus acciones cotidianas. Le ayuda a mantener la concentración, evitar distracciones y avanzar con paso firme hacia sus objetivos. La clave está en empezar cada día con una hoja de ruta clara de lo que quieres conseguir.

Rituales matutinos

Los rituales matutinos marcan la pauta para el resto del día. Los empresarios de éxito suelen tener una serie de hábitos que siguen cada mañana para prepararse para la productividad. He aquí algunos elementos que podrías incluir en tu rutina matutina:

Meditación o atención plena: Dedica unos minutos a reflexionar en silencio para despejar la mente y fijar tus intenciones.

Ejercicio: La actividad física aumenta tus niveles de energía y mejora la claridad mental.

Escribir un diario: Escribe tus objetivos, agradecimientos y pensamientos para centrar tu mente.

Revisar el plan: Revisa tu plan diario para visualizar tu día y asegurarte de que estás preparado para las tareas que te esperan.

Empezar el día con intención crea un impulso positivo que te lleva a realizar tus tareas.

Interrupciones

Las interrupciones son inevitables, pero la forma de gestionarlas puede afectar significativamente a tu productividad. He aquí algunas estrategias para gestionar las interrupciones:

Establece límites: Haz saber a los demás cuándo estás disponible y cuándo no. Utiliza señales como puertas cerradas o carteles de "no molestar" para indicar cuándo necesitas tiempo sin interrupciones.

Programar la comunicación: Establece horarios específicos para revisar y responder correos electrónicos, mensajes y llamadas telefónicas. Así evitarás interrupciones constantes y podrás centrarte en tus tareas.

Utiliza la tecnología: Herramientas como auriculares con cancelación de ruido o aplicaciones de concentración pueden ayudar a minimizar las distracciones y mantenerte en la zona.

Revisar y ajustar

Dedica unos minutos a revisar tus progresos al final de cada día. Reflexiona sobre lo que ha ido bien y lo que podría mejorarse. A partir de ahí, ajusta tu plan para el día siguiente. Este proceso de mejora continua te ayudará a perfeccionar tu enfoque y a ser más eficaz.

Tomar impulso

Establecer una rutina de planificación diaria coherente y utilizar técnicas de bloqueo del tiempo puede crear un poderoso impulso en su productividad. Dedicando un tiempo específico a tus tareas más importantes y minimizando las interrupciones, puedes conseguir más en menos tiempo.

Capítulo 4: Dominar el bloqueo temporal

¿Qué es el bloqueo temporal?

El bloqueo temporal es una técnica de gestión del tiempo que consiste en dividir el día en distintos bloques de tiempo, cada uno dedicado a una tarea o actividad específica. A diferencia de una simple lista de tareas pendientes, el bloqueo temporal te permite asignar franjas de tiempo específicas a cada tarea, lo que reduce la probabilidad de multitarea y te ayuda a mantener la concentración.

Ventajas del bloqueo temporal

El bloqueo del tiempo ofrece numerosas ventajas que mejoran significativamente la productividad y el equilibrio entre la vida laboral y personal. Mejora la concentración al minimizar las distracciones y mejora la organización al estructurar eficazmente tu jornada.

Este método reduce la procrastinación al proporcionar un horario claro y aumenta la productividad al permitir completar las tareas con mayor eficacia. Además, el bloqueo del tiempo favorece un equilibrio más saludable entre la vida laboral y la personal al asignar tiempo tanto al trabajo como a las actividades personales.

Introducción al bloqueo temporal

Introducir el bloqueo del tiempo en tu rutina diaria requiere planificación y disciplina. Aquí tienes una guía paso a paso que te ayudará a empezar:

1. **Identifique sus prioridades**: Empiece por identificar sus principales prioridades para el día, la semana o el mes, teniendo en cuenta tanto las tareas relacionadas con el trabajo como las actividades personales. Haz una lista de todo lo que hay que hacer y clasifícalo por importancia y urgencia.

2. **Calcule el tiempo necesario**: Calcule el tiempo necesario para completar cada tarea de su lista. Sé realista para evitar sobrecargar tu agenda. Es mejor asignar más tiempo que subestimarlo y sentirse apurado.

3. **Cree bloques de tiempo**: Divide tu día en bloques de tiempo y asigna tareas a cada bloque, incluyendo tiempo para descansos, comidas y otras actividades necesarias. He aquí un ejemplo de cómo podrías estructurar tu día:

    - **Rutina matutina (7:00 - 8:00)**: Ejercicio, desayuno y aseo personal.

    - **Bloque de trabajo 1 (8:00 - 10:00)**: Responder a los correos electrónicos y planificar las tareas del día.

- **Bloque de trabajo 2 (10:00 - 12:00)**: Trabajo centrado en un proyecto de alta prioridad.

- **Pausa para comer (12:00 - 13:00)**: Almuerzo y breve paseo.

- **Bloque de trabajo 3 (13:00 - 15:00)**: Reuniones o colaboración con los miembros del equipo.

- **Bloque de trabajo 4 (15:00 - 17:00)**: Continuación del trabajo en proyectos o tareas.

- **Rutina nocturna (17:00 - 19:00)**: Tiempo en familia y cena.

- **Tiempo personal (19:00 - 21:00)**: Aficiones, relajación o actividades de ocio.

- **Relajarse (21:00 - 22:00)**: Prepararse para acostarse, leer o meditar.

En el apéndice encontrarás un planificador diario y una plantilla de horarios. Utilízala para crear ejemplos de horarios y ver cómo influyen en tu rutina diaria.

Ejemplo: Bloqueo temporal

Pensemos en Emily, diseñadora gráfica autónoma. Le costaba hacer malabarismos con múltiples proyectos y a menudo trabajaba hasta altas horas de la noche. Mediante el bloqueo del tiempo, designó momentos específicos para el trabajo con los clientes, las tareas administrativas y los proyectos personales. Esta estructura mejoró su productividad y le permitió disfrutar de las noches sin estrés.

Uso de herramientas y aplicaciones

Hay varias herramientas y aplicaciones que pueden ayudarte a bloquear el tiempo de forma más eficaz. Algunas de las opciones más populares son Google Calendar para programar y enviar recordatorios, Trello para organizar tareas y proyectos, Notion para crear calendarios y hacer un seguimiento del progreso, y RescueTime para hacer un seguimiento de cómo empleas tu tiempo e identificar áreas de mejora.

Revisión de las herramientas de bloqueo temporal

- **Google Calendar**: Ideal para la programación y los recordatorios. Se integra con otros servicios de Google y facilita el acceso a través de dispositivos.

- **Trello**: Perfecto para organizar tareas y proyectos. Sus tableros y listas visuales te ayudan a hacer un seguimiento de las tareas dentro de cada bloque de tiempo.

- **Notion**: Una herramienta versátil para crear calendarios, listas de tareas y hacer un seguimiento del progreso. Combina funciones de toma de notas y gestión de proyectos.

- **RescueTime**: Realiza un seguimiento de cómo empleas tu tiempo y proporciona información sobre la productividad. Ayuda a identificar las actividades que te hacen perder el tiempo y a mejorar la concentración.

Consejos para una distribución eficaz del tiempo

Para sacar el máximo partido del bloqueo temporal, tenga en cuenta estos consejos:

1. **Comience con una rutina matutina**: Comience el día con una rutina matutina coherente para establecer un tono positivo para el resto del día. Incluye actividades que te aporten energía, como ejercicio, meditación o un desayuno saludable.

2. **Priorizar el trabajo en profundidad**: Asigne bloques de tiempo para el trabajo en profundidad, centrándose en tareas complejas y de alto impacto sin interrupciones. Suele ser el momento en el que estás más alerta y eres más productivo.

3. **Tareas similares por lotes**: Agrupa y completa tareas similares dentro de un mismo bloque de tiempo. Por ejemplo, asigna un bloque a tareas administrativas como responder correos electrónicos y otro bloque al trabajo creativo.

4. **Haga pausas regulares**: Haz pausas regulares entre bloques de tiempo para descansar y recargar pilas. Las pausas breves pueden evitar el

agotamiento y mantener la productividad a lo largo del día.

5. **Sé flexible**: Aunque es importante ceñirse a los horarios, hay que ser flexible y adaptarse cuando sea necesario. Pueden surgir imprevistos, y es esencial adaptarse sin sentirse estresado o abrumado.

6. **Revisar y ajustar**: Revise sus bloques de tiempo y evalúe su productividad al final de cada día o semana. Identifica las áreas de mejora y haz los ajustes necesarios para optimizar tu horario.

Superar los retos

El bloqueo temporal puede ser un reto, sobre todo al empezar. He aquí algunos obstáculos habituales y cómo superarlos:

1. **Interrupciones y distracciones**: Establece límites claros y comunica tu horario a los demás. Utiliza herramientas como auriculares con cancelación de ruido o un espacio de trabajo tranquilo para reducir las distracciones.

2. **Comprometerse en exceso**: Evite sobrecargar su agenda con demasiadas tareas. Céntrate en lo que es realmente importante y realista realizar dentro de tus límites de tiempo.

3. **Procrastinación**: Combata la procrastinación dividiendo las tareas en pasos más pequeños y manejables. Utiliza bloques de tiempo para crear

una sensación de urgencia y motivación para hacer las cosas.

Técnicas avanzadas de bloqueo temporal

1. **Agrupación de tareas**: Agrupe tareas relacionadas para maximizar la eficiencia. Por ejemplo, gestiona todas tus llamadas telefónicas en un único bloque de tiempo.

2. **Días temáticos**: Asigna temas específicos a distintos días de la semana. Por ejemplo, dedica los lunes a las reuniones y los viernes a la planificación y la revisión.

3. **Gestión de la energía**: Programa las tareas en función de tus niveles de energía diarios. Aborda las tareas de mayor energía cuando te sientas más alerta y guarda las de menor energía cuando te sientas con menos energía.

El bloqueo temporal, una técnica transformadora, puede revolucionar su gestión del tiempo e impulsar la productividad. Puedes lograr un equilibrio armonioso entre la vida laboral y personal priorizando tareas, estructurando tu horario y manteniendo la adaptabilidad. Aprovecha el poder del bloqueo temporal y verás cómo aumenta tu productividad y disminuyen tus niveles de estrés, lo que te permitirá disfrutar de una vida personal más plena.

Capítulo 5: Dominar la delegación y la externalización

La importancia de delegar

Uno de los obstáculos más importantes a los que se enfrentan los empresarios es la inclinación a manejarlo todo por su cuenta. Esta mentalidad de "hacerlo todo" puede provocar agotamiento e impedir la expansión del negocio. Delegar es una habilidad vital que le permite concentrarse en tareas de gran impacto, aprovechando los puntos fuertes y la experiencia de los demás. Si dominas la delegación, podrás liberar un tiempo y una energía preciosos para impulsar tu empresa y evitar los peligros del agotamiento y el estancamiento del crecimiento.

La delegación eficaz no consiste sólo en descargar tareas; se trata de confiar responsabilidades a otros para maximizar la productividad y la eficiencia. Al aprovechar las habilidades y la experiencia de tu equipo o de socios externos, puedes conseguir más mientras te centras en iniciativas estratégicas que solo tú puedes gestionar.

Identificación de tareas para delegar

El paso inicial y crucial en una delegación eficaz es reconocer qué tareas pueden pasarse a otros. Este proceso es la piedra angular del éxito de la delegación y sienta las bases para el resto del proceso. Considere las siguientes categorías:

- **Tareas repetitivas**: Tareas rutinarias que no requieren tus habilidades únicas ni tu capacidad para tomar decisiones. Por ejemplo, introducir datos, programar reuniones o elaborar informes rutinarios.

- **Tareas especializadas**: Tareas que requieren conocimientos que no son los tuyos, como contabilidad, asuntos jurídicos, diseño gráfico o soporte informático. A menudo es mejor que se encarguen de ellas especialistas.

- **Tareas que consumen tiempo**: Tareas que consumen una cantidad significativa de tu tiempo pero que podrían ser realizadas de forma más eficiente por otra persona. Por ejemplo, gestión de redes sociales, atención al cliente o tareas administrativas.

- **Tareas de poco valor**: Actividades que no contribuyen directamente a tus objetivos principales o al crecimiento de tu negocio. Por ejemplo, organizar archivos, mantenimiento rutinario o recados menores.

Ejemplo : La delegación en acción

Pensemos en Jane, propietaria de una empresa de comercio electrónico en expansión. Estaba abrumada con las consultas del servicio de atención al cliente y la gestión del inventario, lo que le dejaba poco tiempo para la planificación estratégica y el marketing. Al delegar el servicio de atención al cliente en un asistente virtual y externalizar la gestión del inventario en un servicio de logística, Jane pudo centrarse en hacer crecer su negocio, lo que se tradujo en un aumento del 30% de las ventas en seis meses.

Encontrar a las personas adecuadas

El éxito de la delegación depende de encontrar a las personas adecuadas para asumir las tareas que usted va a delegar. Tanto si contratas a empleados a tiempo completo como a contratistas o autónomos, busca personas con las aptitudes necesarias y una gran ética de trabajo. He aquí algunos consejos para encontrar y examinar a los candidatos:

1. **Defina descripciones claras de los puestos**: Sea específico sobre las tareas, responsabilidades y habilidades requeridas. Una descripción detallada del puesto ayuda a atraer candidatos adecuados y establece expectativas claras.

2. **Utiliza plataformas reputadas**: Sitios web como Upwork, Freelancer y LinkedIn pueden ayudarte a encontrar autónomos y contratistas cualificados. Para contrataciones a tiempo completo, considera las bolsas de trabajo y las agencias de contratación.

3. **Realice entrevistas minuciosas**: Haga preguntas detalladas sobre su experiencia, su estilo de trabajo y su forma de afrontar los retos. Las preguntas conductuales de la entrevista pueden aportar información sobre su capacidad para resolver problemas y su adecuación cultural.

4. **Comprueba las referencias**: Hable con antiguos empleadores o clientes para calibrar su fiabilidad y calidad de trabajo. Este paso puede revelar información necesaria sobre su rendimiento y ética laboral.

Comunicación eficaz

Una comunicación clara y eficaz es esencial para delegar con éxito. Al asignar tareas, asegúrate de que las proporcionas:

1. **Instrucciones detalladas**: Explica lo que hay que hacer, el resultado deseado y cualquier requisito o restricción específicos. Proporcionar el contexto ayuda a garantizar que la tarea se entiende correctamente.

2. **Plazos**: Establece plazos claros para cada tarea y haz un seguimiento para asegurarte de que se cumplen. Sé realista con los plazos y ten en cuenta un margen de tiempo para revisiones o retrasos imprevistos.

3. **Retroalimentación**: Proporcione comentarios constructivos para ayudar a la persona a mejorar y comprender mejor sus expectativas. Las sesiones periódicas de feedback pueden fomentar la mejora continua y el crecimiento profesional.

4. **Apoyo**: Esté disponible para responder a las preguntas y proporcionar orientación cuando sea necesario. Las comprobaciones periódicas pueden evitar malentendidos y garantizar que las tareas sigan su curso.

Capacite a su equipo

Delegar no consiste sólo en transferir tareas, sino en capacitar a su equipo para que asuma la propiedad y la responsabilidad. He aquí algunas formas de fomentar el sentido de propiedad:

1. **Confianza**: Demuestre que confía en sus capacidades y su criterio. Evita la microgestión y dales autonomía para completar las tareas a su manera.

2. **Aliento**: Reconozca y celebre sus logros. El refuerzo positivo puede elevar la moral y la productividad.

3. **Oportunidades de crecimiento**: Ofrezca oportunidades de desarrollo profesional y capacitación. Esta inversión en su crecimiento puede redundar en un mayor rendimiento y fidelidad.

Aprovechar la tecnología para la externalización

En la era digital actual, la tecnología facilita más que nunca la subcontratación. Herramientas y plataformas como Asana, Trello, Slack y Zoom facilitan una colaboración fluida con equipos remotos. Estas son algunas formas de aprovechar la tecnología para una externalización eficaz:

1. **Software de gestión de proyectos**: Utiliza herramientas como Asana o Trello para asignar tareas, establecer plazos y hacer un seguimiento del progreso. Estas plataformas ofrecen

visibilidad de los plazos del proyecto y ayudan a garantizar la rendición de cuentas.

2. **Herramientas de comunicación**: Plataformas como Slack y Zoom permiten la comunicación y la colaboración en tiempo real. Las reuniones virtuales periódicas y los canales de chat pueden mantener a todos alineados e informados.

3. **Compartir archivos**: Herramientas como Google Drive o Dropbox facilitan el intercambio y la colaboración en documentos y archivos. El almacenamiento centralizado de archivos garantiza que todo el mundo tenga acceso a las últimas versiones de los documentos.

4. **Automatización**: Utiliza herramientas de automatización para gestionar tareas repetitivas y liberar tiempo de tu equipo para un trabajo más estratégico. Por ejemplo, Zapier puede automatizar flujos de trabajo entre distintas aplicaciones y servicios.

Superar los retos de la delegación

Delegar puede ser un reto, sobre todo si estás acostumbrado a hacerlo todo tú mismo. He aquí algunos retos habituales y cómo superarlos:

1. **Dejarse llevar**: Confía en que los demás pueden encargarse de las tareas y resiste el impulso de microgestionar. Empieza delegando tareas más pequeñas y aumenta gradualmente la complejidad a medida que crezca tu confianza.

2. **Miedo a los errores**: Comprenda que los errores forman parte del aprendizaje. Utilícelos como oportunidades de crecimiento y mejora. Proporcione retroalimentación y apoyo para ayudar a su equipo a aprender de los errores.

3. **Inversión de tiempo**: Formar a alguien para que se encargue de una tarea puede llevar tiempo al principio, pero a la larga le ahorrará tiempo. Considéralo una inversión en eficiencia futura.

Mejora continua

La delegación es un proceso continuo. Revise y evalúe periódicamente las tareas que delega y el rendimiento de su equipo. Busca oportunidades para mejorar tu estrategia de delegación, agilizar los procesos y mejorar la comunicación. Esta mejora continua dará lugar a una mayor eficacia y productividad con el paso del tiempo.

Si domina la delegación y la subcontratación, podrá centrarse en las actividades de alto impacto que impulsan su negocio, al tiempo que aprovecha los puntos fuertes y la experiencia de otros para gestionar tareas rutinarias y especializadas. Esto aumenta la productividad y potencia a tu equipo, fomentando un entorno de trabajo colaborativo y eficiente.

Marque la diferencia con su opinión

"El tiempo es gratis, pero no tiene precio".

- Harvey Mackay

Las personas que dan sin esperar nada a cambio viven más felices y satisfechas. Así que si tenemos la oportunidad de marcar la diferencia durante nuestro tiempo juntos, me apunto.

Para que eso ocurra, tengo una pregunta para ti...

¿Ayudarías a alguien a quien nunca has conocido, aunque nunca recibieras crédito por ello?

¿Quién es esta persona? Es como tú. O, al menos, como eras tú. Con menos experiencia, que quiere marcar la diferencia y necesita ayuda, pero no sabe dónde buscarla.

Nuestra misión es poner la gestión del tiempo al alcance de todos. Todo lo que hago se deriva de esa misión. Y la única forma de cumplirla es llegar a... bueno... todo el mundo.

Aquí es donde entra usted. De hecho, la mayoría de la gente juzga un libro por su portada (y sus reseñas). Así que te lo pido en nombre de un empresario en apuros al que nunca has conocido:

Por favor, ayude a ese futuro empresario dejando una reseña de este libro.

Tu regalo no cuesta dinero y tarda menos de 60 segundos en hacerse realidad, pero puede cambiar la vida de otro empresario para siempre. Tu opinión podría ayudar a...

...un pequeño empresario más equilibra su trabajo y su vida.

...un empresario más mantiene a su familia.

...un empleado más gestiona mejor su tiempo.

...un cliente más transforme su rutina diaria.

...un sueño más hecho realidad.

Para sentirte bien y ayudar a esa persona de verdad, todo lo que tienes que hacer es... y te llevará menos de 60 segundos... dejar una opinión.

Simplemente haga clic a continuación o escanee el código QR para dejar su opinión:

<u>Deje su opinión aquí</u> o escanea el código:

Si te sientes bien ayudando a un futuro empresario sin rostro, eres mi tipo de persona. Bienvenido al club. Eres uno de los nuestros.

Estoy aún más entusiasmado por ayudarte a alcanzar tus metas más rápido y más fácil de lo que puedas imaginar. Te encantarán las estrategias que compartiré en los próximos capítulos.

Gracias de todo corazón. Ahora, de vuelta a nuestra programación regular.

Tu mayor fan,

Alex

PD - Dato curioso: Si proporcionas algo de valor a otra persona, eso te hace más valioso para ella. Si quieres que otro empresario te haga un favor y crees que este libro le ayudará, envíaselo.

Capítulo 6: Aprovechar la tecnología y las herramientas

El papel de la tecnología en la productividad

La tecnología es crucial para mejorar la productividad y la eficiencia en el vertiginoso entorno empresarial actual. Desde la automatización de tareas rutinarias hasta la facilitación de una comunicación y colaboración fluidas, las herramientas adecuadas pueden agilizar significativamente sus operaciones y liberar su tiempo para actividades más estratégicas.

Automatización de tareas rutinarias

La automatización es una de las formas más eficaces de aumentar la productividad. La automatización de tareas repetitivas y que consumen mucho tiempo le permite centrarse en actividades de alto valor que impulsan el crecimiento del negocio. Estas son algunas áreas en las que la automatización puede marcar una gran diferencia:

1. **Gestión del correo electrónico**: Utiliza herramientas como Mailchimp o Constant Contact para automatizar las campañas de correo electrónico y los seguimientos. La

automatización de estas tareas puede ahorrar horas semanales y garantizar una comunicación coherente con su público.

2. **Gestión de redes sociales**: Plataformas como Hootsuite o Buffer te permiten programar y gestionar las publicaciones en redes sociales a través de múltiples canales. La automatización garantiza que el contenido se publique en el momento óptimo sin necesidad de intervención manual constante.

3. **Gestión de las relaciones con los clientes (CRM)**: Los sistemas CRM como Salesforce o HubSpot automatizan los procesos de ventas y marketing, realizan un seguimiento de las interacciones con los clientes y proporcionan información valiosa. La automatización puede mejorar el servicio al cliente y ayudarle a identificar y nutrir eficazmente a los clientes potenciales.

4. **Contabilidad y facturación**: QuickBooks o FreshBooks automatizan la contabilidad, la facturación y el seguimiento de gastos. Estas herramientas pueden reducir el tiempo dedicado a la gestión financiera y minimizar los errores.

Ejemplo: Automatización en acción

Pensemos en Mike, que dirige un pequeño negocio minorista online. Automatizó su marketing por correo electrónico con Mailchimp y creó una serie de correos electrónicos de bienvenida y campañas promocionales. Esta automatización aumentó el compromiso de los clientes y generó un aumento del 25 % en las ventas, al tiempo que redujo el tiempo que Mike dedicaba a la gestión manual del correo electrónico.

Mejorar la comunicación y la colaboración

La comunicación y la colaboración eficaces son esenciales para el éxito de cualquier empresa. La tecnología ofrece numerosas herramientas que le ayudarán a mantenerse conectado con su equipo, sus clientes y las partes interesadas. He aquí algunas opciones populares:

1. **Gestión de proyectos**: Asana, Trello y Monday.com son herramientas excelentes para organizar tareas, establecer plazos y hacer un seguimiento del progreso. Estas plataformas ofrecen una visión clara de los plazos y las responsabilidades del proyecto.

2. **Comunicación**: Slack y Microsoft Teams ofrecen funciones de mensajería en tiempo real, intercambio de archivos y videoconferencia. Estas herramientas facilitan la comunicación instantánea y reducen la necesidad de largos hilos de correo electrónico.

3. **Videoconferencias**: Zoom, Google Meet y Microsoft Teams permiten celebrar reuniones virtuales, seminarios web y colaborar con equipos remotos. Las herramientas de videoconferencia de alta calidad pueden salvar la distancia entre las interacciones en persona y a distancia.

4. **Compartir documentos**: Google Drive y Dropbox permiten compartir, editar y colaborar fácilmente en documentos y archivos. El almacenamiento centralizado de documentos garantiza que todos los miembros del equipo puedan acceder a las últimas versiones.

Revisión: Herramientas de gestión de proyectos

Asana: Ideal para equipos de todos los tamaños, Asana permite crear planes de proyecto detallados, asignar tareas, establecer plazos y supervisar el progreso. Su interfaz visual, que incluye tableros y líneas de tiempo, facilita el seguimiento del estado del proyecto.

Trello: Conocido por su sencillez y flexibilidad, Trello utiliza un sistema basado en tarjetas para gestionar las tareas. Es especialmente útil para equipos pequeños o proyectos que requieren un alto grado de personalización.

Monday.com: Esta herramienta combina la gestión de proyectos con funciones de colaboración en equipo. Sus flujos de trabajo personalizables y sus capacidades de integración se adaptan a proyectos complejos en los que intervienen varios departamentos.

Datos y análisis

La toma de decisiones basada en datos es fundamental para el éxito empresarial. La tecnología ofrece potentes herramientas de análisis que le ayudarán a recopilar, analizar e interpretar datos para tomar decisiones con conocimiento de causa. Estas son algunas áreas clave en las que los datos y la analítica pueden ser beneficiosos:

1. **Análisis de sitios web**: Google Analytics proporciona información sobre el tráfico del sitio web, el comportamiento de los usuarios y las tasas de conversión. Comprender estas métricas puede ayudarte a optimizar tu sitio para obtener un mejor rendimiento.

2. **Análisis de redes sociales**: Herramientas como Sprout Social y Hootsuite Analytics realizan un seguimiento del rendimiento y la participación en las redes sociales. Analizar los datos de las redes sociales puede ayudar a perfeccionar la estrategia de contenidos y mejorar la participación de la audiencia.

3. **Análisis de ventas**: Los sistemas CRM ofrecen informes de ventas detallados, seguimiento de pipeline y métricas de rendimiento. Los análisis de ventas pueden identificar tendencias, prever ventas futuras y mejorar las estrategias de ventas.

4. **Análisis financiero**: El software de contabilidad proporciona información sobre el rendimiento financiero, el flujo de caja y la rentabilidad. Los análisis financieros periódicos pueden ayudarte a tomar mejores decisiones presupuestarias y de inversión.

Aplicaciones de productividad

Innumerables aplicaciones de productividad te ayudan a mantenerte organizado, gestionar tu tiempo y aumentar la eficiencia. Estas son algunas de las más populares:

1. **Toma de notas**: Evernote y OneNote te permiten capturar y organizar notas, ideas y listas de tareas. Estas aplicaciones se sincronizan entre dispositivos para que puedas acceder a tus notas estés donde estés.

2. **Gestión del tiempo**: RescueTime y Toggl te ayudan a hacer un seguimiento de cómo empleas tu tiempo e identificar áreas de mejora. Estas herramientas pueden proporcionar informes detallados sobre tus actividades diarias, ayudándote a gestionar tu tiempo de forma más eficaz.

3. **Foco y concentración**: Aplicaciones como Focus@Will y Forest te ayudan a mantener la concentración y evitar distracciones. Estas herramientas mejoran tu concentración mediante técnicas como la música de fondo o la gamificación.

4. **Gestión de tareas**: Todoist y Wunderlist son fantásticas para gestionar tareas y listas de tareas pendientes. Estas aplicaciones te permiten establecer prioridades, plazos y recordatorios para mantenerte al día.

Ciberseguridad

A medida que integra más tecnología en las operaciones de su empresa, es esencial dar prioridad a la ciberseguridad. Proteger sus datos y sistemas de las ciberamenazas es crucial para mantener la confianza y garantizar la continuidad de la empresa. He aquí algunas buenas prácticas:

1. **Utilice contraseñas seguras**: Crea contraseñas complejas y haz un seguimiento de ellas con un gestor de contraseñas. Las contraseñas seguras reducen el riesgo de acceso no autorizado.

2. **Active la autenticación de dos factores**: La autenticación de dos factores añade más seguridad a tus cuentas. Esta práctica ayuda a proteger tus cuentas incluso si tu contraseña se ve comprometida.

3. **Actualice regularmente el software**: Mantenga actualizados sus programas y sistemas para protegerse de las vulnerabilidades. Las actualizaciones periódicas corrigen los fallos de seguridad y mejoran el rendimiento del sistema.

4. **Capacite a su equipo:** Proporcione una formación completa sobre las mejores prácticas de ciberseguridad y fomente una cultura de vigilancia. Cuando está bien informado, su equipo se convierte en su primera y más vital línea de defensa contra las ciberamenazas.

Adopción de nuevas tecnologías

El panorama tecnológico evoluciona constantemente, y estar al día de las últimas herramientas y tendencias puede dar a su empresa una ventaja competitiva. He aquí algunos consejos para adoptar nuevas tecnologías:

1. **Manténgase informado**: Siga las noticias del sector, asista a conferencias y únase a redes profesionales para estar al día de las tecnologías emergentes. El aprendizaje continuo le ayuda a

anticiparse a los cambios y aprovechar las nuevas oportunidades.

2. **Evalúe sus necesidades**: Identifique las áreas en las que la tecnología puede tener un impacto significativo en su negocio. Realizar una evaluación de las necesidades le garantiza invertir en herramientas que aborden sus retos.

3. **Empiece con poco**: pruebe nuevas herramientas a pequeña escala antes de implantarlas en toda la empresa. Probar nuevas tecnologías a pequeña escala permite evaluar su eficacia y realizar los ajustes necesarios.

4. **Busque el asesoramiento de expertos**: Consulte a profesionales de TI o consultores tecnológicos para asegurarse de que toma decisiones con conocimiento de causa. El asesoramiento de expertos puede ayudarte a sortear las complejidades de la adopción de tecnología.

Aprovechar la tecnología y las herramientas es esencial para maximizar la productividad y la eficiencia de su empresa. Mediante la automatización de las tareas rutinarias, la mejora de la comunicación y la colaboración, la utilización de datos y análisis, y la adopción de las últimas tecnologías, puede agilizar sus operaciones y centrarse en lo que realmente importa: hacer crecer su negocio y alcanzar sus objetivos.

Capítulo 7: Conciliar la vida laboral y familiar

La importancia del equilibrio entre trabajo y vida privada

En el ajetreo y el bullicio del mundo empresarial, es fácil dejarse llevar por la rutina y olvidar la importancia del equilibrio entre la vida laboral y personal. Sin embargo, mantener un equilibrio saludable entre la vida profesional y la personal es crucial para el éxito y el bienestar a largo plazo. Una vida equilibrada ayuda a mantener la motivación, reduce el estrés y aumenta la felicidad.

Alcanzar el equilibrio entre la vida laboral y personal no consiste en crear un equilibrio perfecto cada día, sino en hacer ajustes constantes para garantizar que no se descuide ni el trabajo ni la vida personal. Este equilibrio te ayuda a mantener la salud mental y física, mejorar las relaciones y, en última instancia, aumentar la productividad.

Reconocer los signos de desequilibrio

El primer paso para lograr el equilibrio entre la vida laboral y personal es reconocer cuándo las cosas no están sincronizadas. Entre las señales más comunes están la fatiga crónica, la disminución de la productividad, el aumento del estrés, el descuido de la vida personal y la aparición de problemas de salud como dolores de cabeza, insomnio o enfermedades frecuentes.

Por ejemplo, suponga que trabaja constantemente hasta altas horas de la noche, que se pierde acontecimientos familiares importantes o que se siente constantemente estresado. En ese caso, indica claramente que su equilibrio entre vida laboral y personal necesita un ajuste. Si es consciente de estas señales, puede tomar medidas proactivas para abordarlas antes de que le lleven al agotamiento.

Establecer límites

Una de las formas más eficaces de conciliar la vida laboral y personal es establecer límites claros entre el trabajo y el tiempo personal. Aquí tienes algunos consejos para establecer y mantener los límites:

1. **Defina las horas de trabajo**: Establezca un horario de trabajo concreto y cúmplalo. Trabaje hasta tarde por la noche o los fines de semana sólo si es imprescindible. Un horario de trabajo claro te ayuda a delimitar cuándo empieza y termina el trabajo, lo que facilita la desconexión.

2. **Cree un espacio de trabajo dedicado**: Designe un área específica para el trabajo a fin de crear una frontera física entre el trabajo y la vida doméstica. Esta separación te ayuda en la transición mental entre el trabajo y el tiempo personal.

3. **Comunique sus expectativas**: Comunique a su equipo, clientes y familia su disponibilidad y respete el tiempo de los demás. Una comunicación clara evita malentendidos y marca la pauta para una dinámica equilibrada entre trabajo y vida privada.

4. **Desconecta digitalmente**: Desactiva las notificaciones del trabajo y evita consultar el correo electrónico fuera del horario laboral. La desconexión digital es crucial para permitir que tu mente descanse y se centre en actividades personales.

Priorizar el autocuidado

Cuidarse es esencial para mantener un equilibrio saludable entre la vida laboral y personal. Prioriza las actividades de autocuidado que te ayuden a recargarte y mantenerte con energía. Estas son algunas prácticas de autocuidado que puedes incorporar a tu rutina:

1. **Haga ejercicio regularmente**: La actividad física ayuda a reducir el estrés y a aumentar los niveles de energía. El ejercicio regular mantiene el cuerpo y la mente sanos, ya sea haciendo footing por la mañana, yoga o una sesión en el gimnasio.

2. **Sigue una dieta equilibrada**: Nutre tu cuerpo con alimentos sanos y nutritivos. Una dieta equilibrada proporciona la energía y los nutrientes necesarios para mantener la productividad y el bienestar.

3. **Duerma lo suficiente**: Intente dormir entre 7 y 8 horas de calidad cada noche. La higiene del sueño es crucial para la función cognitiva, la regulación del estado de ánimo y la salud en general.

4. **Practica la atención plena**: Practica la atención plena, como la meditación, el yoga o ejercicios de respiración profunda. La atención plena ayuda a reducir el estrés y mejora la claridad mental.

5. **Programe tiempo libre**: Dedica tiempo a tus aficiones, a relajarte y a actividades que te aporten alegría. El tiempo de inactividad es necesario para recargar las pilas y mantener una actitud positiva.

Gestión eficaz del tiempo

La gestión eficaz del tiempo es vital para lograr el equilibrio entre la vida laboral y personal. Aquí tienes algunas estrategias que te ayudarán a gestionar tu tiempo de forma más eficiente:

1. **Planifique el día**: Comience cada día con un plan claro de lo que debe realizar. Utiliza herramientas como listas de tareas, calendarios o planificadores. La planificación te ayuda a priorizar las tareas y a gestionar eficazmente tu carga de trabajo.

2. **Priorice las tareas**: Céntrese en las tareas de alta prioridad que estén en consonancia con sus objetivos y delegue o elimine las actividades de

poco valor. La priorización garantiza que dediques tu tiempo a lo que realmente importa.

3. **Divida las tareas en partes**: divida las tareas más grandes en partes más pequeñas y manejables para evitar sentirse abrumado. Abordar las tareas más pequeñas de una en una hace que los proyectos grandes sean más manejables.

4. **Utiliza el bloqueo temporal**: Asigna bloques de tiempo específicos a distintas tareas y cíñete al horario. El bloqueo temporal te ayuda a mantener la concentración y la productividad a lo largo del día.

5. **Tómate descansos**: Programa pausas regulares a lo largo del día para descansar y recargar pilas. Las pausas cortas pueden evitar el agotamiento y mantenerte con energía.

Adoptar la flexibilidad

Aunque la estructura y la rutina son esenciales, la flexibilidad de los horarios es fundamental. Los imprevistos y los retos son inevitables, y ser adaptable puede ayudarte a mantener el equilibrio. Aquí tienes algunos consejos para ser flexible:

1. **Mantente abierto al cambio**: Ajuste sus planes y prioridades según sea necesario. La flexibilidad te permite responder a circunstancias imprevistas sin sentirte abrumado.

2. **Evite el perfeccionismo**: Acepte que las cosas no siempre saldrán según lo planeado, y eso está bien. El perfeccionismo puede provocar un estrés innecesario y obstaculizar tu capacidad de adaptación.

3. **Aprende a decir no**: rechaza educadamente las peticiones u oportunidades que no se ajusten a tus prioridades o valores. Decir no protege tu tiempo y energía para lo que realmente importa.

4. **Busque apoyo**: No dudes en pedir ayuda o delegar tareas cuando sea necesario. El apoyo de los demás puede aligerar tu carga y ayudarte a mantener el equilibrio.

Equilibrio entre familia y trabajo

Equilibrar la vida laboral y familiar puede ser especialmente difícil para los empresarios con familia. Aquí tienes algunos consejos para armonizar ambos aspectos de tu vida:

1. **Implique a su familia**: Comparte tus objetivos y retos con tu familia y hazles partícipes de tu viaje. Una comunicación abierta les ayuda a entender tus compromisos y favorece la comprensión mutua.

2. **Tiempo de calidad**: Aproveche al máximo el tiempo que pasa con su familia estando plenamente presente y comprometido. El tiempo de calidad fortalece las relaciones y garantiza la plenitud de la vida familiar.

3. **Establezca prioridades familiares**: Identifique y priorice los acontecimientos y actividades familiares importantes. Asegurarse de no perderse momentos significativos fomenta una sensación de equilibrio y armonía.

4. **Cree rituales familiares**: Establezca tradiciones o rituales familiares regulares para reforzar los lazos y crear recuerdos duraderos. Los rituales aportan coherencia y conexión en medio de horarios ajetreados.

Mantener la salud mental

Su salud mental es tan importante como su salud física. He aquí algunas formas de mantener y apoyar tu bienestar mental:

1. **Busca ayuda profesional**: Si estás luchando contra el estrés, la ansiedad o la depresión, considera la posibilidad de buscar el apoyo de un profesional de la salud mental. La orientación profesional puede proporcionar estrategias y apoyo para gestionar la salud mental.

2. **Manténgase conectado**: Mantenga fuertes conexiones sociales con amigos, familiares y compañeros. El apoyo social es crucial para el bienestar emocional y la resiliencia.

3. **Practica la gratitud**: Reflexione regularmente sobre aquello por lo que está agradecido para fomentar una mentalidad positiva. Las prácticas de gratitud pueden mejorar el estado de ánimo y la perspectiva.

4. **Limite el tiempo de pantalla**: Reduzca el tiempo que pasa frente a las pantallas y las redes sociales para minimizar el estrés y las distracciones. Limitar el tiempo de pantalla puede mejorar la concentración y el bienestar.

Lograr el equilibrio entre la vida laboral y personal es un proceso continuo que requiere un esfuerzo y un compromiso intencionados. Como empresario, puedes crear una vida armoniosa y satisfactoria estableciendo límites, dando prioridad al autocuidado, gestionando el tiempo de forma eficaz, adoptando la flexibilidad y manteniendo la salud mental. Mantener una vida equilibrada mejora tu bienestar y contribuye a tu éxito profesional.

Capítulo 8: Superar la procrastinación

Comprender la procrastinación

La procrastinación es el asesino silencioso de la productividad que afecta a todo el mundo en algún momento. Es el acto de retrasar las tareas que hay que hacer, optando a menudo por actividades más agradables o fáciles. Entender por qué procrastinamos es el primer paso para superarlo.

Por qué aplazamos las cosas

La procrastinación puede tener diversos orígenes, como:

- **Miedo al fracaso**: Preocuparse por no rendir bien puede llevar a retrasar la tarea.

- **Perfeccionismo**: El deseo de que todo sea perfecto puede paralizar la acción.

- **Agobio**: Enfrentarse a una tarea grande o compleja puede ser desalentador, lo que lleva a evitarla.

- **Falta de motivación**: No sentirse inspirado o interesado en la tarea.

- **Mala gestión del tiempo**: No planificar con eficacia puede llevar a posponer tareas.

Comprender estas causas subyacentes puede ayudarle a abordar la raíz de su procrastinación en lugar de sólo los síntomas.

Técnicas para vencer la procrastinación

1. **Divida las tareas en pasos más pequeños**: Una tarea grande puede resultar abrumadora, lo que facilita la procrastinación. Divídala en pasos más pequeños y manejables. Cada pequeño paso debe ser una acción específica que pueda completarse rápidamente. Por ejemplo, en lugar de "escribir un informe", divídelo en "crear un esquema", "escribir la introducción" y "redactar la primera sección".

2. **Utilice la regla de los dos minutos**: Si una tarea te lleva menos de dos minutos, hazla inmediatamente. Esta sencilla regla te ayuda a abordar las tareas pequeñas de inmediato y te da impulso para las más grandes.

3. **Establezca objetivos específicos**: Fíjate objetivos claros y alcanzables sobre lo que tienes que conseguir. En lugar de objetivos vagos como "trabajar en el informe", establece objetivos específicos como "escribir la introducción del informe". Esta claridad ayuda a centrar la acción.

4. **Cree un espacio de trabajo dedicado**: Un espacio de trabajo dedicado y libre de distracciones puede aumentar significativamente

la productividad. Asegúrate de que tu espacio de trabajo está organizado, es cómodo y está equipado con todo lo que necesitas para trabajar con eficacia.

5. **Elimine las distracciones**: Identifica y elimina las posibles distracciones de tu entorno. Apaga las notificaciones del teléfono, cierra las pestañas innecesarias del navegador y crea un entorno tranquilo para concentrarte en tu trabajo.

6. **Utiliza técnicas de gestión del tiempo**: Las técnicas de gestión del tiempo, como la Técnica Pomodoro o el bloqueo temporal, pueden ayudarte a estructurar tu trabajo y facilitar el inicio de las tareas. Programa un temporizador para 25 minutos, trabaja en una tarea y luego tómate un breve descanso. Repite este ciclo para mantener la concentración y la productividad.

7. **Recompénsate**: Incentivate estableciendo un sistema de recompensas. Después de completar una tarea o una serie de tareas, prémiate con algo que te guste, como un paseo, un capricho o un descanso para hacer algo divertido.

8. **Practica la autocompasión**: Sé amable contigo mismo cuando te encuentres procrastinando. Reconócelo sin juzgarte y vuelve a centrarte en la tarea que tienes entre manos. La autoconversación negativa puede exacerbar la procrastinación, por lo que es crucial mantener una mentalidad positiva.

Ejemplo: Desglose de una tarea

Pensemos en Alex, una escritora que trabaja en una novela. A menudo lo dejaba para más tarde porque la tarea le parecía demasiado grande y desalentadora. Al dividir la tarea en pasos más pequeños, como esbozar los capítulos, escribir las biografías de los personajes y redactar una escena cada vez, avanzó con paso firme y se sintió menos abrumada. Esta estrategia le ayudó a terminar su novela en un año.

Mantener la motivación

1. **Visualice el éxito**: Visualice que completa sus tareas con éxito y los resultados positivos que le aportarán. Estas imágenes mentales pueden aumentar la motivación y ayudarte a centrarte en tus objetivos.

2. **Encuentra tu porqué**: Comprender las razones profundas que hay detrás de tus tareas puede proporcionarte una motivación poderosa. Pregúntate por qué es importante cada tarea y cómo se alinea con tus objetivos y valores más amplios.

3. **Socios responsables**: Busca un compañero que te rinda cuentas de tus progresos. Compartir tus objetivos y plazos con otra persona puede aumentar tu compromiso y motivación.

Estrategias a largo plazo

1. **Crear hábitos productivos**: Desarrollar hábitos productivos requiere tiempo y constancia. Empieza poco a poco, construye gradualmente sobre tus éxitos e integra nuevos hábitos en tu rutina diaria.

2. **Mejora continua**: Revise y evalúe periódicamente sus estrategias de productividad. Identifique lo que le funciona mejor y ajústelo según sea necesario. La mejora continua te garantiza que te mantienes en el buen camino y sigues perfeccionando tu enfoque.

Ejemplo: Utilizar la responsabilidad para superar la procrastinación

A John, un empresario, le resultaba difícil mantener el rumbo de sus objetivos empresariales. Se asoció con otro empresario y acordaron reunirse semanalmente para hablar de sus progresos y retos. Este sistema de rendición de cuentas ayudó a John a mantenerse centrado y motivado, lo que le llevó a un crecimiento significativo de su negocio en seis meses.

Superar la procrastinación es un proceso continuo que requiere autoconciencia, planificación estratégica y las técnicas adecuadas. Dividiendo las tareas en pasos más pequeños, eliminando las distracciones, utilizando técnicas de gestión del tiempo y manteniendo la motivación, puede vencer la procrastinación y aumentar su productividad. Recuerda que la clave está en empezar poco a poco, coger impulso y celebrar los éxitos a lo largo del camino.

Capítulo 9: Técnicas avanzadas de gestión del tiempo

El Principio de Pareto (Regla 80/20)

El Principio de Pareto, también conocido como la Regla 80/20, afirma que el 80% de tus resultados proceden del 20% de tus esfuerzos. Este principio puede cambiar las reglas del juego para los emprendedores que buscan maximizar su productividad y eficiencia.

Aplicación del principio de Pareto

1. **Identifique las actividades de mayor impacto**: Determine qué tareas y actividades producen los resultados más elevados. Céntrate en estas tareas de alto impacto y dales prioridad en tu agenda. Por ejemplo, si las reuniones con clientes y la planificación estratégica le reportan la mayor parte de sus ingresos, dedique más tiempo a estas actividades.

2. **Elimine o delegue tareas de bajo impacto**: Identifique las tareas que le ocupan mucho tiempo pero producen pocos resultados. Delegue o elimine estas tareas para liberar tiempo para actividades más importantes. Tareas como la introducción rutinaria de datos o el trabajo

administrativo menor suelen entrar en esta categoría.

3. **Céntrese en clientes y proyectos clave**: Si un pequeño porcentaje de sus clientes o proyectos generan la mayor parte de sus ingresos, concéntrese en estas áreas críticas para maximizar sus beneficios. Establecer relaciones sólidas con tus clientes más rentables puede impulsar significativamente tu negocio.

Ejemplo: Maximizar el impacto con el principio de Pareto

María, consultora, aplicó el Principio de Pareto analizando su cartera de clientes y servicios. Descubrió que el 20% de sus clientes representaban el 80% de sus ingresos. Centrándose en estos clientes de alto valor y ofreciéndoles servicios premium, María aumentó sus ingresos y redujo su carga de trabajo.

La técnica Pomodoro

La Técnica Pomodoro es un método de gestión del tiempo que consiste en trabajar en periodos cortos y concentrados con descansos regulares. Esta técnica ayuda a mantener altos niveles de productividad y evita el agotamiento.

Cómo utilizar la técnica Pomodoro

1. **Programa un temporizador de 25 minutos**: Elige una tarea y programa un temporizador durante 25 minutos, lo que se conoce como Pomodoro.

2. **Trabaje intensamente**: Concéntrese únicamente en la tarea durante el periodo Pomodoro. Evita cualquier distracción.

3. **Tómate un breve descanso**: Después de que suene el temporizador, tómate un descanso de 5 minutos para descansar y recargar energía.

4. **Repita el ciclo**: Después de completar cuatro Pomodoros, tómate un descanso más largo de 15-30 minutos.

Ejemplo: La técnica Pomodoro

Tom, desarrollador de software, tenía problemas para mantener la concentración a lo largo del día. Aplicando la Técnica Pomodoro, dividió su trabajo en intervalos manejables, lo que mejoró su concentración y productividad. Los descansos regulares le ayudaron a evitar el agotamiento y a mantener la energía.

Bloqueo del tiempo para el trabajo en profundidad

El trabajo en profundidad se refiere al trabajo concentrado e ininterrumpido en tareas que requieren un esfuerzo cognitivo significativo. El bloqueo del tiempo para el trabajo en profundidad implica reservar bloques de tiempo específicos para estas tareas de alto impacto.

Implantación de bloques de tiempo de trabajo profundo

1. **Programe sesiones de trabajo en profundidad**: Identifique los momentos en los que está más alerta y programe sesiones de

trabajo en profundidad durante esos periodos. Las primeras horas de la mañana o las últimas de la tarde suelen ser las mejores para muchas personas.

2. **Elimine las distracciones**: Para mantener la concentración durante las sesiones de trabajo en profundidad, cree un entorno libre de distracciones. Para ello, desactiva las notificaciones, utiliza auriculares con cancelación de ruido o trabaja en un lugar tranquilo.

3. **Establezca objetivos claros**: Define objetivos específicos para cada sesión de trabajo en profundidad para asegurarte de que aprovechas el tiempo al máximo. Los objetivos claros te ayudan a mantenerte centrado y a medir tus progresos.

La regla de los dos minutos

La regla de los dos minutos es una técnica de gestión del tiempo sencilla pero eficaz. Si una tarea te lleva menos de dos minutos, hazla inmediatamente. Esta regla te ayuda a abordar rápidamente las tareas pequeñas y evita que se acumulen.

Agrupación de tareas similares

El batching consiste en agrupar tareas similares y completarlas de una sola vez. Esta técnica minimiza el cambio de contexto y aumenta la eficiencia.

Ejemplos de agrupación de tareas

1. **Gestión del correo electrónico**: Establece momentos específicos durante el día para

comprobar y responder a los correos electrónicos en lugar de controlar constantemente tu bandeja de entrada.

2. **Tareas administrativas**: Agrupa las tareas administrativas rutinarias, como el archivado, la introducción de datos o el seguimiento de gastos, en un único bloque de tiempo.

3. **Trabajo creativo**: Dedica bloques de tiempo ininterrumpidos a tareas creativas como escribir, diseñar o hacer lluvias de ideas.

La regla 1-3-5

La regla 1-3-5 es una técnica de priorización que le ayuda a estructurar su lista diaria de tareas pendientes. Cada día, ponte como objetivo cumplir:

- **1 Gran tarea**: Una tarea de alta prioridad que requiere un esfuerzo significativo.

- **3 Tareas medias**: Tareas importantes que requieren menos tiempo.

- **5 Pequeñas tareas**: Tareas rápidas que se pueden completar en pocos minutos.

Utilizar la tecnología para mejorar la gestión del tiempo

La tecnología moderna ofrece muchas herramientas para ayudarle a gestionar su tiempo de forma más eficaz. Estas son algunas de las herramientas más populares y cómo utilizarlas:

1. **Software de gestión de proyectos**: Herramientas como Trello, Asana y Monday.com

te ayudan a organizar tareas, establecer plazos y hacer un seguimiento del progreso. Estas plataformas ofrecen una visión clara de los plazos y las responsabilidades del proyecto.

2. **Aplicaciones de control del tiempo**: Aplicaciones como Toggl y RescueTime controlan cómo empleas tu tiempo y te proporcionan información sobre tu productividad. Estas herramientas pueden ayudarte a identificar las actividades que te hacen perder el tiempo y a concentrarte mejor.

3. **Aplicaciones de concentración**: Apps como Forest y Focus@Will te ayudan a mantener la concentración minimizando las distracciones y creando un entorno productivo. Estas apps utilizan técnicas como la música de fondo o la gamificación para mejorar la concentración.

Mejora continua

La gestión del tiempo es un proceso continuo de aprendizaje y adaptación. Revise periódicamente sus estrategias de productividad, determine qué es lo que mejor le funciona y haga los ajustes necesarios. La mejora continua te garantiza que te mantienes en el buen camino y sigues perfeccionando tu enfoque.

Ejemplo: Mejora continua de la gestión del tiempo

Sarah, directora de marketing, revisa cada mes sus estrategias de gestión del tiempo. Analiza lo que ha funcionado bien e identifica áreas de mejora. Al perfeccionar continuamente su enfoque, Sarah ha aumentado su productividad y ha reducido el estrés laboral.

Las técnicas avanzadas de gestión del tiempo, como el Principio de Pareto, la Técnica Pomodoro y el trabajo en profundidad, pueden mejorar significativamente tu productividad y eficacia. Aplicando estas estrategias, puedes centrarte en tareas de alto impacto, mantener una intensa concentración y alcanzar tus objetivos con mayor eficacia. Adopta estas técnicas y observa cómo se dispara tu productividad y disminuyen tus niveles de estrés.

Capítulo 10: Medir y ajustar su enfoque

Seguimiento del progreso

Hacer un seguimiento de tus progresos es esencial para mejorar continuamente tus habilidades de gestión del tiempo. Controlar cómo empleas tu tiempo y evaluar tu productividad te ayuda a identificar áreas de mejora y te garantiza que te mantienes alineado con tus objetivos.

Herramientas de control del tiempo

Varias herramientas y aplicaciones pueden ayudarte a controlar tu tiempo y analizar tu productividad. Estas son algunas de las opciones más populares:

- **Toggl**: una herramienta de control del tiempo fácil de usar que permite registrar las horas dedicadas a diversas tareas y proyectos.

- **RescueTime**: Realiza un seguimiento automático de su tiempo en diferentes aplicaciones y sitios web, proporcionando informes detallados sobre su productividad.

- **Clockify**: Un rastreador de tiempo versátil que ofrece información detallada sobre cómo empleas tu tiempo y ayuda a identificar ineficiencias.

- **Cosecha**: Combina el seguimiento del tiempo con la facturación y la gestión de gastos, ideal para autónomos y pequeñas empresas.

Creación de un registro de tiempo

Crear un registro de tiempo puede ser igual de eficaz si prefieres un enfoque manual. He aquí cómo hacerlo:

1. **Registra tus actividades**: A lo largo del día, anota cada tarea o actividad en la que trabajes y el tiempo que le dedicas.

2. **Clasifique las tareas**: Agrupe tareas similares, como reuniones, trabajo administrativo, trabajo centrado y descansos.

3. **Analice los patrones**: Revise su registro de tiempo al final del día o de la semana para identificar patrones y áreas en las que puede mejorar la eficiencia.

Evaluación de la productividad

Una vez que tenga una idea clara de cómo emplea su tiempo, es esencial evaluar su productividad. He aquí algunas preguntas a tener en cuenta:

- ¿Dedica suficiente tiempo a las tareas prioritarias?

- ¿Hay tareas o actividades que llevan demasiado tiempo sin producir resultados significativos?

- ¿Eres capaz de mantener la concentración y minimizar las distracciones durante las sesiones de trabajo en profundidad?

- ¿Son suficientes las pausas y los tiempos muertos para descansar y recuperarse?

Ejemplo: Control del tiempo

John, diseñador gráfico, utilizaba Toggl para hacer un seguimiento de sus actividades diarias. Descubrió que dedicaba mucho tiempo a tareas de baja prioridad, como consultar el correo electrónico y asistir a reuniones innecesarias. John aumentó su productividad reasignando su tiempo para centrarse en el trabajo de diseño de alto impacto y entregar los proyectos más rápido.

Adaptar su enfoque

Realice los ajustes necesarios para optimizar su estrategia de gestión del tiempo basándose en su evaluación del seguimiento del tiempo y la productividad. He aquí algunos pasos a tener en cuenta:

1. **Reasignar el tiempo**: si determinadas tareas le llevan demasiado tiempo sin obtener beneficios significativos, considere la posibilidad de reasignar su tiempo. Céntrate más en las actividades de alto impacto y delega o elimina las tareas de poco valor.

2. **Ajuste de los bloques de tiempo**: Ajusta los bloques de tiempo en función de tus conclusiones. Si algunos bloques son demasiado cortos o largos, ajusta su duración para que se adapten mejor a tus necesidades. Asegúrate de dedicar tiempo al trabajo en profundidad, a las tareas administrativas y a los descansos.

3. **Mejorar la concentración**: Si las distracciones son un problema importante, aplica estrategias para mejorar la concentración. Esto podría incluir la creación de un espacio de trabajo libre de distracciones, el uso de aplicaciones que mejoren la concentración o el establecimiento de límites más estrictos con los compañeros y la familia.

4. **Mejorar el equilibrio entre trabajo y vida privada**: Si tiene dificultades para conciliar la vida laboral y familiar, ajuste su horario para incluir más tiempo personal y actividades de autocuidado. Asegúrate de que tus bloques de tiempo dan cabida tanto a compromisos profesionales como personales.

Revisiones periódicas

Acostúmbrese a revisar y ajustar periódicamente su estrategia de gestión del tiempo. Las revisiones semanales pueden ayudarte a mantener el rumbo y a introducir mejoras graduales. He aquí un sencillo proceso de revisión:

1. **Reflexione sobre su semana**: Evalúa lo bien que has gestionado tu tiempo y si has alcanzado tus objetivos.

2. **Identifique los éxitos y los retos**: Anote lo que ha funcionado bien y lo que no.

3. **Establezca objetivos de mejora**: Define acciones específicas que puedas emprender para abordar los retos y mejorar tu productividad.

4. **Ajuste su horario**: Haga los cambios necesarios en sus bloques de tiempo y en su plan diario para la semana siguiente.

Ejemplo: Revisiones periódicas

Samantha, gestora de proyectos, dedica 30 minutos cada viernes por la tarde a repasar su semana. Evalúa sus logros, identifica áreas de mejora y ajusta su agenda para la semana siguiente. Esta práctica ha ayudado a Samantha a mantenerse organizada, cumplir los plazos y mejorar continuamente sus habilidades de gestión del tiempo.

Adoptar la flexibilidad

Aunque es importante tener una estrategia estructurada de gestión del tiempo, la flexibilidad es igualmente crucial. La vida es impredecible y los imprevistos pueden alterar tu agenda. Aprovecha la flexibilidad:

1. **Permitir un margen de tiempo**: Incluya un margen de tiempo en su programa para acomodar tareas inesperadas o retrasos. Esta flexibilidad garantiza un calendario realista y manejable.

2. **Ser adaptable**: Estar dispuesto a ajustar tus planes y prioridades según sea necesario sin sentirte estresado o abrumado.

3. **Mantenerse positivo**: Mantén una mentalidad positiva y considera los retos como oportunidades de crecimiento y mejora.

Ejemplo: Flexibilidad en la gestión del tiempo

Alex, fundador de una startup, incluyó tiempo de reserva en su agenda diaria. Cuando surgía inesperadamente un problema importante con un cliente, lo solucionaba sin retrasarse en otras tareas. Esta flexibilidad no solo mantuvo su negocio en marcha, sino que también redujo el estrés.

Medir y ajustar su enfoque de gestión del tiempo es vital para la mejora continua. Siguiendo tus progresos, evaluando la productividad y haciendo los ajustes necesarios, puedes optimizar tu estrategia de gestión del tiempo y alcanzar tus objetivos con mayor eficacia. La gestión del tiempo es un proceso continuo, y las revisiones periódicas garantizan que te mantengas en el buen camino y sigas perfeccionando tu enfoque.

Capítulo 11: Estrategias de gestión del tiempo a largo plazo

Crear hábitos productivos

Los hábitos productivos son la piedra angular del éxito a largo plazo en la gestión del tiempo. Los hábitos son comportamientos que realizamos de forma automática, sin pensar demasiado. Al desarrollar hábitos productivos, puedes agilizar tu rutina diaria y garantizar un progreso constante hacia tus objetivos.

Pasos para crear hábitos productivos

1. **Empiece poco a poco**: Empiece con cambios pequeños y manejables que pueda integrar fácilmente en su rutina diaria. Los pequeños hábitos son más fáciles de establecer y mantener. Por ejemplo, si quieres leer más, empieza con 10 minutos al día en lugar de comprometerte a una hora.

2. **Sea constante**: La constancia es la clave para la formación de hábitos. Intente realizar su nuevo hábito a la misma hora y en el mismo lugar todos los días. Con el tiempo, la repetición ayudará a arraigar el hábito en su rutina.

3. **Utilice desencadenantes**: Identifique los desencadenantes que impulsan su nuevo hábito. Por ejemplo, para crear un hábito de ejercicio diario, utiliza la alarma de la mañana para empezar a entrenar.

4. **Controla tus progresos**: Lleva un registro de hábitos o un diario para controlar tus progresos y mantener la motivación. Ver tus progresos puede reforzar tu compromiso. Aplicaciones como Habitica o Streaks te ayudarán a visualizar el proceso de creación de hábitos.

5. **Recompénsese**: Proporciónese recompensas inmediatas por completar su hábito. Las recompensas pueden ser tan sencillas como un breve descanso, un capricho saludable o un momento de relajación. El refuerzo positivo te anima a seguir con tus hábitos.

Ejemplo: Crear un hábito de lectura

Tom quería leer más, pero necesitaba ayuda para encontrar tiempo. Empezó leyendo sólo 10 minutos antes de acostarse cada noche. Al cabo de un mes, aumentó a 20 minutos. Siendo constante y haciendo un seguimiento de sus progresos, Tom convirtió la lectura en un hábito diario, ampliando significativamente sus conocimientos y reduciendo el estrés.

Mantener una mentalidad positiva

Una mentalidad positiva es crucial para mantener la productividad y superar los retos. He aquí algunas estrategias para cultivar y mantener una mentalidad positiva:

1. **Practica la gratitud**: Reflexionar regularmente sobre las cosas por las que estás agradecido puede mejorar tu estado de ánimo y tu perspectiva general. Considera la posibilidad de llevar un diario de gratitud en el que anotes tres cosas por las que estás agradecido cada día.

2. **Centrarse en el crecimiento**: Adopte una mentalidad de crecimiento considerando los retos y contratiempos como oportunidades de aprendizaje y crecimiento. Acepta los errores como parte del proceso de aprendizaje y utilízalos para mejorar tus habilidades y estrategias.

3. **Rodéate de positividad**: Rodéate de influencias positivas, como amigos, familiares y mentores que te apoyen. Participa en actividades que te aporten alegría y satisfacción y limita la exposición a influencias negativas.

Ejemplo: Mantener una mentalidad positiva

Emma, una empresaria, se enfrentó a múltiples reveses en su negocio. En lugar de desanimarse, se centró en lo que podía aprender de cada fracaso. Manteniendo una mentalidad de crecimiento y practicando la gratitud, Emma se mantuvo motivada y acabó dando la vuelta a su negocio.

Mejora continua

La mejora continua consiste en buscar constantemente formas de aumentar la productividad y la eficacia. Esta mentalidad garantiza la evolución constante y la adaptación a nuevos retos y oportunidades.

1. **Revise periódicamente sus objetivos**: Revise periódicamente sus objetivos a largo plazo para asegurarse de que siguen siendo pertinentes y están en consonancia con sus valores y aspiraciones. Ajusta tus objetivos según sea necesario para reflejar los cambios en tus prioridades y circunstancias.

2. **Busca opiniones**: Solicita la opinión de compañeros, mentores y colegas para conocer tus puntos fuertes y tus áreas de mejora. Los comentarios constructivos pueden aportar perspectivas valiosas y ayudarte a perfeccionar tus estrategias.

3. **Invierte en aprender**: Comprométete con el aprendizaje permanente invirtiendo regularmente en tu desarrollo personal y profesional. Asiste a talleres, lee libros, haz cursos online y mantente al día de las tendencias y mejores prácticas del sector.

Ejemplo: Mejora continua

David, gestor de proyectos, dedicaba un tiempo al mes a revisar su rendimiento y recabar opiniones de su equipo. Esta práctica le ayudó a identificar áreas de mejora y a aplicar nuevas estrategias, lo que se tradujo en unos resultados de proyecto más satisfactorios y un equipo más cohesionado.

Centrarse en actividades de alto valor

Dé prioridad a las actividades de gran valor que contribuyen significativamente a sus objetivos y al éxito general. Si te centras en las tareas de mayor impacto, conseguirás mejores resultados con menos esfuerzo.

1. **Identifique su momento más productivo**: Determina cuándo eres más productivo y programa actividades de alto valor durante esos periodos. Tanto si eres una persona madrugadora como un búho nocturno, alinear tus tareas con tus momentos de máxima productividad puede mejorar tu eficiencia.

2. **Delegue y externalice**: Delegue o externalice las tareas de poco valor que consumen su tiempo y energía. Céntrate en actividades que aprovechen tus habilidades y experiencia únicas y confía en otros para que se ocupen de tareas rutinarias o especializadas.

Ejemplo: Centrarse en actividades de alto valor

Lisa, una directora ejecutiva, se dio cuenta de que su momento más productivo era por la mañana temprano. Programaba sus reuniones estratégicas y sesiones de planificación más importantes durante ese tiempo. Al delegar las tareas administrativas en su asistente, Lisa podía centrarse en actividades de alto impacto que impulsaban el crecimiento de su empresa.

Equilibrio entre trabajo y vida privada

Mantener un equilibrio saludable entre la vida laboral y personal es esencial para la productividad y el bienestar a largo plazo. He aquí algunas estrategias para lograr y mantener el equilibrio:

1. **Establezca límites**: Establezca límites claros entre el trabajo y el tiempo personal. Comunica estos límites a tu equipo y a tu familia, y respétalos para asegurarte de que tienes tiempo tanto para el trabajo como para tus actividades personales.

2. **Priorice el autocuidado**: Haga del autocuidado una parte no negociable de su rutina. El ejercicio regular, una alimentación sana, un sueño adecuado y la relajación son vitales para mantener la salud física y mental.

3. **Programe tiempo de inactividad**: Programe intencionadamente tiempo de inactividad para relajarse y realizar actividades de ocio. Tomarse descansos y vacaciones con regularidad puede evitar el agotamiento y mantenerte con energía y motivado.

Ejemplo: Equilibrio entre trabajo y vida privada

Mark, fundador de una startup, luchaba por conciliar la vida laboral y familiar. Establecía horarios de trabajo estrictos y reservaba los fines de semana para pasar tiempo con la familia. Al dar prioridad al cuidado personal y programar tiempos de inactividad regulares, Mark mejoró su bienestar y se volvió más productivo en el trabajo.

Adoptar la flexibilidad

Aunque la estructura y la rutina son importantes, la flexibilidad es igualmente crucial para el éxito a largo plazo. La vida es impredecible, y ser adaptable puede ayudarte a sortear retos y oportunidades inesperados.

1. **Prevea un margen de tiempo**: incluya un margen de tiempo en su programa para hacer frente a tareas imprevistas o retrasos. Esta flexibilidad garantiza que el calendario siga siendo realista y manejable.

2. **Adaptarse al cambio**: Esté abierto a ajustar sus planes y prioridades según sea necesario. Acepta el cambio como una oportunidad de crecimiento y mejora, no como una perturbación.

Ejemplo: Adoptar la flexibilidad

Anna, redactora autónoma, incluyó tiempo de reserva en su agenda diaria. Cuando le llegaba una petición de última hora de un cliente, podía atenderla sin retrasarse en otras tareas. Esta flexibilidad no sólo mantuvo su negocio en marcha, sino que también redujo el estrés.

Las estrategias de gestión del tiempo a largo plazo se centran en crear hábitos productivos, mantener una mentalidad positiva y buscar continuamente la mejora. Puedes lograr una productividad y un éxito sostenidos dando prioridad a las actividades de alto valor, equilibrando el trabajo y la vida personal, y adoptando la flexibilidad. Recuerda que la gestión del tiempo es un viaje continuo, y tu compromiso con estos principios te garantizará que sigas creciendo y prosperando.

Conclusión

Dominar la gestión del tiempo es esencial para el éxito empresarial y el bienestar general. No se trata de convertirse en una máquina perfecta de productividad, sino de encontrar un equilibrio que te permita alcanzar tus objetivos al tiempo que disfrutas de tu vida. Se trata de ser intencionado con tu tiempo, tomar decisiones conscientes y perfeccionar continuamente tu enfoque.

El viaje de la gestión del tiempo

La gestión del tiempo es un viaje continuo. Habrá días en los que todo encaje y otros en los que nada parezca salir bien. La clave es mantener el compromiso, seguir aprendiendo y ser amable con uno mismo por el camino. Celebra tus éxitos, aprende de tus dificultades y sigue avanzando.

Pasos prácticos para aplicar lo aprendido

Ahora que te has equipado con una gran cantidad de estrategias y técnicas de gestión del tiempo, ha llegado el momento de ponerlas en práctica. Aquí tienes algunos pasos prácticos que puedes dar para poner en práctica lo que has aprendido:

1. **Empieza poco a poco**: elige una o dos estrategias en las que centrarte al principio. Incorpore gradualmente más técnicas a medida que se sienta cómodo. Por ejemplo, empieza con

el bloqueo del tiempo y añade gradualmente la Técnica Pomodoro.

2. **Cree un plan diario**: Comience cada día con un plan claro de sus objetivos. Utiliza el bloqueo temporal para asignar tiempo a cada tarea. Este plan debe alinearse con tus objetivos a largo plazo y priorizar las actividades de alto impacto.

3. **Establezca objetivos claros**: Defina sus objetivos a corto y largo plazo. Utilice técnicas de priorización para centrarse en las actividades de mayor impacto. Asegúrate de que tus objetivos son SMART (específicos, medibles, alcanzables, relevantes y con plazos).

4. **Controle su progreso**: Utiliza herramientas de seguimiento del tiempo o un registro del tiempo para controlar el uso que haces de tu tiempo e identificar áreas de mejora. Revisa tu progreso con regularidad para asegurarte de que sigues por el buen camino y haces los ajustes necesarios.

5. **Revisar y ajustar**: Revise periódicamente su estrategia de gestión del tiempo, evalúe su productividad y realice los ajustes necesarios. La mejora continua es clave para adaptarse a los nuevos retos y perfeccionar tu enfoque.

6. **Busca apoyo**: Encuentre un compañero que le rinda cuentas, un mentor o un grupo de apoyo que le mantenga motivado y en el buen camino. Compartir tus objetivos y progresos con otra persona puede aumentar tu compromiso y proporcionarte valiosos comentarios.

7. **Sé flexible**: Esté abierto a ajustar sus planes y prioridades según sea necesario. Acepte el cambio como una oportunidad de crecimiento. La flexibilidad te permite adaptarte a los imprevistos sin sentirte abrumado.

El maratón de la gestión del tiempo

Recuerda que el camino hacia una mejor gestión del tiempo es un maratón, no un sprint. Requiere paciencia, persistencia y voluntad de aprender y crecer. Cada paso que des te acercará más a dominar el arte de la gestión del tiempo.

Al integrar estas estrategias en su rutina diaria, alcanzará sus objetivos empresariales y encontrará una mayor satisfacción en su vida personal. Una gestión eficaz del tiempo te permite centrarte en lo que realmente importa, reduce el estrés y mejora tu calidad de vida en general.

Reflexiones finales

Mientras continúas tu viaje, recuerda que la gestión del tiempo es una herramienta que te ayuda a vivir una vida más plena y equilibrada. Se trata de aprovechar al máximo tu tiempo para que puedas alcanzar tus sueños y disfrutar del camino.

Gracias por embarcarte en este viaje hacia una mejor gestión del tiempo. Que tu camino esté lleno de productividad, equilibrio y éxito. Mantén tu compromiso, sigue aprendiendo y disfruta del proceso.

Gracias

Este libro es sólo el principio de tu viaje para dominar la gestión del tiempo. Siga explorando, siga aprendiendo y, lo que es más importante, siga creciendo. Su tiempo es valioso y la forma en que decida emplearlo puede marcar la diferencia en su éxito y felicidad. Por un futuro en el que controles tu tiempo y vivas tu mejor vida.

Gracias por acompañarme en este viaje hacia el dominio de la gestión del tiempo. Espero que este libro te haya aportado los conocimientos y la confianza que necesitas para controlar tu tiempo y alcanzar tus objetivos.

He disfrutado escribiendo "Time Hacking para emprendedores", y espero que tú también hayas disfrutado leyéndolo. Si es así, conéctese y deje una reseña. Sus comentarios son muy valiosos para mí, y estoy deseando leerlos.

Le deseo todo lo mejor en sus esfuerzos empresariales y más allá.

Alex

Deje su opinión aquí o escanee el código:

Apéndice: Recursos y referencias

Referencias

Cal Newport, **"Trabajo profundo: Rules for Focused Success in a Distracted World"**.

James Clear, **"Hábitos atómicos: Una forma fácil y probada de crear buenos hábitos y acabar con los malos"**.

Gary Keller y Jay Papasan, **"The One Thing: The Surprisingly Simple Truth Behind Extraordinary Results"**.

Greg McKeown, **"Esencialismo: La búsqueda disciplinada de menos"**.

David Allen, **"Getting Things Done: El arte de la productividad sin estrés"**.

Herramientas y aplicaciones

Seguimiento del tiempo: Toggl, RescueTime, Clockify, Harvest

Gestión de proyectos: Trello, Asana, Monday.com

Enfoque y concentración: Bosque, Focus@Will

Toma de notas: Evernote, OneNote

Plantillas y hojas de trabajo
Planificador diario

Date: _____

Prioridades principales

1._____

2._____

3._____

Rutina matutina

Hora: _____ - _____

Actividades:
_____

Bloques de tiempo:

                Tarea/Actividad   Notas

|_:_ AM -_:_ AM |_____

|_:_ AM -_:_ AM |_____

|_:_ AM -_:_ PM |_____

|_:_ PM -_:_ PM |_____

|_:_ PM -_:_ PM |_____

|_:_ PM -_:_ PM |_____

|_:_ PM -_:_ PM |_____

|_:_ PM -_:_ PM |_____

Lista de tareas pendientes

- [ ] _____
- [ ] _____
- [ ] _____
- [ ] _____
- [ ] _____

Rutina vespertina

- Hora: _____ - _____
- Actividades: _____

Notas

_____
_____
_____

Reflexiones

1. ¿Qué ha ido bien hoy?

- _____

- _____

2. ¿Qué podría mejorarse?

- _____

- _____

Hoja de trabajo de revisión semanal

Semana de: _____ a _____

Reflexión sobre la semana pasada

1. ¿Cuáles han sido sus principales logros esta semana?

- _____
- _____
- _____

2. ¿A qué retos se enfrentó?

- _____
- _____
- _____

3. ¿Cómo superó estos retos?

- _____
- _____
- _____

4. ¿Qué tareas no has completado? ¿Por qué?

- _____
- _____
- _____

Revisión de la gestión del tiempo

1. ¿Pudo respetar los bloques de tiempo previstos?

    - Sí / No

Comentarios: _____

2. ¿Qué bloques de tiempo fueron los más productivos?

- _____

- _____

3. ¿Qué bloques de tiempo fueron los menos productivos?

- _____

- _____

Objetivos para la próxima semana

Los 3 mejores objetivos de la semana

1. _____

2. _____

3. _____

Tareas clave para alcanzar estos objetivos

Objetivo 1:	Objetivo 2:	Objetivo 3:
Tarea 1:	Tarea 2:	Tarea 3:

Plan de mejora

1. ¿Qué estrategias pondrás en práctica para mejorar tu productividad la próxima semana?
- _____
- _____

2. ¿Cómo vas a abordar los retos a los que te has enfrentado esta semana?
- _____
- _____

3. ¿Qué nuevos hábitos intentarás incorporar?
- _____
- _____

Reflexión personal

1. ¿Por qué estás agradecido esta semana?
- _____
- _____

2. ¿Qué has aprendido esta semana?
- _____
- _____

3. ¿Qué harás para cuidar de tu bienestar la próxima semana?
- _____
- _____

Notas

Plantilla de fijación de objetivos

Nombre: _____

Date: _____

Objetivos a corto plazo (en un plazo de 3 a 6 meses)

Objetivo 1

- Descripción: _____

- Fecha límite: _____

- ¿Por qué es importante? _____

Pasos para conseguirlo:

1. _____

2. _____

3. _____

4. _____

Seguimiento del progreso:

- Fecha de inicio: _____

Hitos:

- Hito 1: _____ (Fecha de entrega: _____)

- Hito 2: _____ (Fecha de entrega: _____)

- Hito 3: _____ (Fecha de entrega: _____)

- Fecha de finalización: _____

Objetivo 2

- Descripción: _____

- Fecha límite: _____

- ¿Por qué es importante? _____

Pasos para conseguirlo:

1. _____

2. _____

3. _____

4. _____

Seguimiento del progreso:

- Fecha de inicio:
_____

Hitos:

- Hito 1: _____ (Fecha de entrega: _____)

- Hito 2: _____ (Fecha de entrega: _____)

- Hito 3: _____ (Fecha de entrega: _____)

- Fecha de finalización: _____

Objetivos a largo plazo (1 año o más)

Objetivo 1

- Descripción: _____
- Fecha límite: _____
- ¿Por qué es importante? _____

Pasos para conseguirlo:

1. _____
2. _____
3. _____
4. _____

Seguimiento del progreso:

- Fecha de inicio: _____

Hitos:

- Hito 1: _____ (Fecha de entrega: _____)
- Hito 2: _____ (Fecha de entrega: _____)
- Hito 3: _____ (Fecha de entrega: _____)
- Fecha de finalización: _____

Objetivo 2

- Descripción: _____

- Fecha límite: _____

- ¿Por qué es importante? _____

Pasos para conseguirlo:

1. _____
2. _____
3. _____
4. _____

Seguimiento del progreso:

- Fecha de inicio: _____

Hitos:

- Hito 1: _____ (Fecha de entrega: _____)

- Hito 2: _____ (Fecha de entrega: _____)

- Hito 3: _____ (Fecha de entrega: _____)

- Fecha de finalización: _____

Revisión y reflexión

1. ¿Qué progresos has hecho este mes en la consecución de tus objetivos?

- _____

- _____

2. ¿A qué retos te has enfrentado? ¿Cómo los ha superado?

- _____

- _____

3. ¿Qué pasos vas a dar el mes que viene para acercarte a tus objetivos?

- _____

- _____

4. ¿Cómo se alinean estos objetivos con su visión y valores a largo plazo?

- _____

- _____

Notas

_____

_____

_____

_____

Sobre el autor

 Alex Bradley es una experimentada empresaria y estratega financiera con experiencia en el impredecible mundo de los negocios paralelos y los ingresos variables. Es una dedicada inversora inmobiliaria y defensora de la educación financiera y el empoderamiento. Cuando no está trabajando, le gusta pasar tiempo con su familia, la jardinería y viajar.

www.ingramcontent.com/pod-product-compliance
Lightning Source LLC
Chambersburg PA
CBHW031441210526
45464CB00005B/2284